RADIUS  BÜCHER

Klaus-Peter Hertzsch

DER GANZE
FISCH
WAR VOLL
GESANG

Biblische Balladen
zum Vorlesen

Die Originalausgabe erschien im Union Verlag Berlin
unter dem Titel »Wie schön war die Stadt Ninive«
16 Illustrationen von Henry Büttner Wittgensdorf

Eine Vertonung der Jona-Ballade unter dem Titel
»Jona und die Stadt Ninive« von Matthias Burkert
liegt auf einer Cassette vor, die beim
RADIUS-Verlag, Kniebisstr. 29, 7000 Stuttgart 1,
erhältlich ist.

CIP-Kurztitelaufnahme der Deutschen Bibliothek

Hertzsch, Klaus-Peter:
Der ganze Fisch war voll Gesang: bibl. Balladen zum Vorlesen /
Klaus-Peter Hertzsch. – 10. Aufl., 101.–120. Tsd. –
Stuttgart: Radius-Verlag, 1984.
  (Radius-Bücher)
  Ausg. im Union-Verl., Berlin, u.d.T.:
  Hertzsch, Klaus-Peter: Wie schön war die Stadt Ninive
  ISBN 3-87173-031-9

Zehnte Auflage 1984: 101.–120. Tausend
© RADIUS-Verlag GmbH Stuttgart
Umschlag: Wolfgang Ladiges, Hamburg
Das Bild zeigt eine äthiopische Miniatur von Selleke Uneto
(© Wolfgang Erk, Stuttgart)
Druck: Clausen & Bosse, Leck
ISBN 3 87173 031 9 Printed in Germany

Die Geschichte von Bileam
und seiner gottesfürchtigen Eselin

Gott hat sein Volk vor langer Zeit
aus Pharaos Gewalt befreit.

Und er versprach, als alle gingen,
sie in ein schönes Land zu bringen.

So warn die Großen und die Kleinen
nun viele Jahre auf den Beinen.

Der alte Mose zog voran
und sprach vom Lande Kanaan.

Die Männer stapften, Schritt für Schritt,
die Frauen liefen tapfer mit,

und, auf den Stock gestützt, die Alten
bemühten sich, den Schritt zu halten.

Am Zug entlang die Kinder rannten
und winkten ihren Patentanten.

Jedoch so ging's nun tagelang
von früh bis Sonnenuntergang,

durch Sand und Wüste viele Wochen.
Fern war das Land, das Gott versprochen.

Sie hatten Durst. Die Mägen knurrten.
Die Leute klagten oder murrten.

Nachts träumten sie von Lauch und Zwiebel –
so steht das heut noch in der Bibel.

Verschiedne kriegten Seitenstechen
oder noch schlimmere Gebrechen;

denn viele waren alt und kränklich.
Nein, ihre Lage war bedenklich.

Zwar Mose machte ihnen Mut
und sprach: «Es wird schon alles gut.»

Doch sprach er immer weinerlicher;
denn manchmal war er selbst nicht sicher.

Und hätte Gott sie nicht geleitet
und ihnen Speis und Trank bereitet,

sie hätten bald zurück gemußt
und nicht mehr aus noch ein gewußt.

Da könnt ihr euch die Freude denken,
das Lachen und das Armeschwenken,

als eines Tags nach langen Jahren
sie endlich aus der Wüste waren.

Das Land, das sie da vor sich sahn,
das war zwar noch nicht Kanaan.

Doch fröhlich zeigten drauf die Mütter:
«Dies ist das Land der Moabiter.

Jetzt, Kinder, wieder Mut gefaßt!
Hier halten wir nur kurze Rast.

Von hier aus ist es nicht mehr weit.
Bald sind wir da. Es wird auch Zeit!»

Sie setzten sich und machten Pause
und dachten: Bald sind wir zu Hause,

pflückten den ersten grünen Strauß
und zogen die Sandalen aus.

Sie pflegten ihre müden Füße.
Die Frauen suchten Wildgemüse.

Die Männer machten sich's bequem,
oder sie halfen – je nachdem.

Die Alten saßen vorgebückt
und sind allmählich eingenickt.

Im Dickicht warn auf ihre Art
die Jungen auf Entdeckungsfahrt.

Die Mädchen hockten still und froh
und träumten schon von Jericho.

So saß das Volk in guter Ruh,
und Mose nickte ihnen zu.

Inzwischen hatten von den Höhen
die Moabiter sie gesehen.

Zu Tale spähten die Soldaten,
die ihren Dienst da oben taten.

«O weh! O weh!» so schrien die Helden.
«Das müssen wir dem König melden!

So schnell uns unsre Stiefel tragen
zum Schloß und dort Alarm geschlagen!»

Der König, welcher Balak hieß,
sich lang und breit berichten ließ.

Dann sagte er sehr ärgerlich:
«Armleute-Volk – das kenne ich!

Vor meiner Grenze hingelagert?
Wie sagt ihr: Müd und abgemagert

mit alten Leuten, Frauen, Kindern?
Das heißt: mit vielen hungrigen Mündern!

Bald müssen wir, wenn wir nicht eilen,
noch unser Brot mit denen teilen.

Es wird nichts andres übrigbleiben:
ihr müßt sie mit Gewalt vertreiben.»

Der Hauptmann sprach: «Was du verlangst,
ich tät es gern. Doch hab ich Angst.

Sie sind so viele, großer König,
und – kurz gesagt – wir sind so wenig.»

Was war zu tun? Sie hielten Rat,
bis jemand vor den König trat

und sprach: «Wir müßten einen suchen,
der soll das fremde Volk verfluchen

mit Worten, die ihm Gott befohlen –
etwa: Der Teufel soll euch holen.

Und wenn er sie so recht verschrien,
dann wollen wir zu Felde ziehn.

Wenn die verwünscht sind und gescholten,
meint ihr, daß sie nicht fliehen sollten?»

«Ganz recht!» so sprach ein andrer Ritter.
«Hört zu, ihr tapfren Moabiter!

Ich wüßte einen Gottesmann,
der uns da sicher helfen kann.

Der kennt am Himmel jeden Stern.
Der redet nachts mit Gott dem Herrn.

Der kann die Träume euch erklären,
und wenn sie noch so komisch wären.

Ein Mann aus Midianiterstamm:
der große Seher Bileam.

Sein Fluch hat Saft, sein Segen Kraft.»
«Den Mann», schrie Balak, «hergeschafft!»

So machten sich in schneller Weise
die Königsboten auf die Reise.

Das Gottesvolk saß ganz bequem
und wußte nichts von alledem,

indes die Wachen sich verteilten,
indes die Königsboten eilten.

Als Bileam sein Nachtmahl kochte,
vernahm er, wie es draußen pochte

und wie es rief: «Tu auf dein Tor!
Die Königsboten stehn davor.»

Und Bileam, der große Seher,
schloß auf und sagte: «Tretet näher!»

Er ließ die Boten alles sagen,
was Balak ihnen aufgetragen.

Und jeder wollte ihm erklären,
wie herzlich sie ihm dankbar wären.

Doch blieben sie beim Reden stecken,
dann winkten sie mit goldnen Säcken.

Und Bileam verstand sie schon:
Für Seher gab es guten Lohn.

«Schön», sprach er. «Jetzt ist Schlafenszeit.
Ich sag euch morgen früh Bescheid.»

Er zeigte ihnen ihre Betten
und fragte, ob sie Hunger hätten.

Sie aßen Brot. Sie tranken Wein.
Dann gähnten sie und nickten ein.

Das Haus war still. Der Nachtwind rauschte.
Nur Bileam lag wach und lauschte.

Und hörte bald des Herren Spruch:
«Nun, Bileam, du hast Besuch?»

«Ja, Herr, vom König hergesandt.
Hier zieht ein armes Volk durchs Land.

Das soll ich, Herr, im Namen dein
mit Fluch und bösem Wort verschrein!»

«Geh nicht!» sprach Gott. «Hör den Befehl!
Dies Volk – es ist mein Israel.

Dem fluchst du nicht, wer du auch bist,
weil es von mir gesegnet ist.»

Am Morgen wurden alle wach.
Auch Bileam stand auf und sprach:

«Zieht ab und grüßt den König schön!
Gott will, ich soll nicht mit euch gehn.»

Sie kamen heim. Doch Balak schien,
die warn nicht fein genug für ihn.

Er sandte Ritter, stolz und schick;
der Geldsack war noch mal so dick.

Die gingen also auf die Reise
und klopften vornehm an und leise:

«Herr Bileam, wir bitten dich:
Komm mit und laß uns nicht im Stich.

Und wenn du unsern Wunsch erfüllst,
bezahlt dir Balak, was du willst.»

«Und wenn ihr mir ein Haus voll Gold
und voller Silber geben wollt,

so könnt ich doch nichts andres sagen,
als was der Herr mir aufgetragen.

Doch ist schon wieder Schlafenszeit.
Ich sag euch morgen früh Bescheid.»

Man ging zu Bett. Der Nachtwind rauschte.
Nur Bileam lag wach und lauschte.

Doch seine Augen wurden klein –
er gähnte – ja, er nickte ein

und träumte schon ein bißchen los
von Balaks Schatz und Balaks Schloß.

Und als die Stimme Gottes kam,
da war er nicht sehr aufmerksam.

Halb lauschte er – halb träumte er –
das Wichtigste versäumte er.

Zuletzt rieb er die Augen aus:
da war es still im ganzen Haus.

Er grübelte und war verzagt:
Was hat Gott bloß zu mir gesagt?

Vielleicht, wenn ich mich recht besinn:
Na, Bileam, dann geh nur hin!

Der Morgen zeigte sich allmählich,
und Bileam erhob sich fröhlich.

Er ging zum Stall. Die Sonne schien.
Die Eselin begrüßte ihn.

Er legte ihr den Sattel auf,
er band sie los und stieg hinauf.

Sie rief: «Iah!» Er rief: «Hü-hott!»
Und beide dachten nicht an Gott.

Doch der war da und sah von weiten
den Bileam zum Balak reiten.

Und er war zornig. Und er grollte,
weil man sein Volk verfluchen wollte.

Er schickt' den Engel mit dem Schwert –
und plötzlich war der Weg versperrt.

Der Esel sah es gleich. Er stockte,
stellte die Beine quer und bockte.

Der Engel hielt den Weg verstellt.
Der Esel drückte sich ins Feld.

Allein der Mensch, der stolze Reiter,
sah nur den Weg und gar nichts weiter.

Er schlug sein Tier. Das seufzte schwach.
Der Engel blickte ihnen nach.

Dann machte sich die Straße dünn
und zog sich zwischen Gärten hin;

geschlängelt und im Zickzack ging's
mit Mauern rechts und Mauern links.

Und wo der Weg besonders eng,
stand schon der Engel, steil und streng.

Der Esel sah's mit einem Blick
und machte einen Satz zurück.

Und an die Mauer dicht gedrängt,
hat er sich knapp vorbeigezwängt.

Doch Bileam die Zähne fletschte,
weil ihm sein Fuß dazwischenquetschte.

Er schlug noch mehr und machte Krach.
Der Engel blickte ihnen nach.

Am Ende ging es durch ein Tal.
Da war der Weg besonders schmal.

Und eh der Esel sich's versah,
stand Gottes Engel wieder da,

und zwar, wo es am engsten war.
Dem Esel sträubte sich das Haar.

Er stellte seine Ohren steil.
Er bäumte hoch sein Hinterteil.

Er legt' sich hin und zitterte,
weil er das Unheil witterte.

Jetzt wurde Bileam erst grob.
Er nahm den Stock und schrie: «Galopp!»

Er fuchtelte und schlug sein Tier.
Das konnte aber nichts dafür.

Es seufzte nur aus Herzensgrund.
Und plötzlich tat es auf den Mund.

Es räuspert' sich. Nach Worten rang es.
Erst ging es schwer. Doch dann gelang es:

der Esel sprach. Und zwar verständlich.
«Du Unmensch!» sprach er. «Sag mir endlich,

warum du mich so schrecklich haust,
erst mit dem Stock, dann mit der Faust.»

«Weil du heut Witze mit mir treibst,
bald stehen- und bald liegenbleibst.

Hätt ich ein Schwert, ich kann dir sagen,
ich hätte dich schon totgeschlagen.»

Der Esel schüttelte sein Haupt
und sprach: «Wer hätte das geglaubt!

Hab ich an Werk- und Feiertagen
dich nicht geduldig rumgetragen?

Und war ich je, ich armes Tier,
so unverschämt und grob zu dir?»

«Nein», konnte Bileam noch sagen.
Er war wie vor den Kopf geschlagen.

Denn plötzlich sah er alles klar,
was ihm bisher verborgen war.

Er sah den Engel zornig blicken.
Er fühlte seine Beine knicken.

Er brach ins Knie. Er warf sich hin
gleich neben seine Eselin.

Nun schwieg das Tier. Nun schwieg der Mann.
Der Engel fing zu reden an.

«Ich seh euch schon ein Weilchen zu.
Dein Tier ist brav. Doch was tust du?

Zu Balak geht's und seinem Gold,
obwohl der Herr es nicht gewollt!

Der Esel merkte, wo ich stand.
Du wärst mir glatt ins Schwert gerannt!»

Der Esel nickte sehr zufrieden.
Und Bileam sprach ganz entschieden:

«Wie war ich schlecht! Wie war ich dumm!
Komm, Esel, kehrt! Wir drehen um.»

Der Engel sagte: «Halt, mein Freund,
so war's nun wieder nicht gemeint.

Geh nur zum König unverzagt.
Doch rede nur, was Gott dir sagt!»

So kamen sie in Balaks Land.
Der König schüttelt' ihm die Hand:

«Wir freun uns, daß du uns besuchst
und uns das fremde Volk verfluchst.

Es soll ja auch an Lohn nicht fehlen:
wir sind grad drüber, Geld zu zählen.

Danach bekommst du einen Orden,
der ist erst heut erfunden worden.»

Bileam sprach: «Da bin ich nun.
Was Gott mir sagt, das werd ich tun.»

Rings die Fanfaren schmetterten.
Aufs Dach die Jungen kletterten.

Am Wegrand Ehrenjungfern standen
und schwenkten Fahnen und Girlanden.

Bei Tisch die Kerzen brannten festlich.
Das Fleisch war fett. Der Wein war köstlich.

Doch früh beim ersten Sonnenstrahl
verließen sie das Schloß im Tal.

Sie stiegen auf die blauen Höhen,
um weit ins Land hinauszusehen.

Sie gingen leise, und mitunter
wies Balak in ein Tal hinunter.

«Da unten», sagte er mit Wut,
«da sitzt das fremde Volk und ruht.

Dort hinten, wo die Palmen grünen,
erkennst du einen Teil von ihnen.

Vielleicht ist hier der rechte Ort.
Nun bitte: sag uns Gottes Wort!»

Da ging der Bileam ein Stück,
er sprach mit Gott und kam zurück

und rief mit strahlendem Gesicht:
«So spricht der Herr und anders nicht:

Wie könnte es ein Mensch versuchen,
dies Volk, das Gott liebt, zu verfluchen!

Schaut doch hinab! Seht doch im Tal:
welch gutes Volk und groß an Zahl!»

Den Fels entlang, den Berg entlang
dies Wort des Bileam erklang.

«Halt! Halt!» rief Balak sehr verlegen,
«das war kein Fluch. Das war ein Segen!

Verstehst du nicht, was ich gemeint?
Beschimpf dies Volk! Es ist mein Feind.»

Der Seher sprach: «Ich kann nur sagen,
was Gott der Herr mir aufgetragen.»

Der König drängte aufzubrechen:
«Woanders wirst du anders sprechen!»

Sie stiegen noch ein bißchen höher
und kamen auf den Berg der Späher.

Die Späher saßen, gut verborgen,
und spähten eifrig in den Morgen.

Auch hier ging Bileam ein Stück,
er sprach mit Gott und kam zurück.

Von allen wurde gleich gefragt:
«Und was hat diesmal Gott gesagt?»

Da rief er: «Was Gott einmal spricht,
das gilt, und er bereut es nicht.

Dies Volk, es ist das Volk des Herrn.
Er segnet es und hat es gern.»

Von Bergeshang zu Bergeshang
der Ruf des Bileam erklang.

Zwar fing der König an zu wettern;
zwar mußten sie noch weiter klettern

bis auf die höchste Felsenspitze;
jedoch es war zu nichts mehr nütze.

Als Bileam dort oben stand
und sah tief unter sich das Land

und sah das Tal und sah die Wüste
und sah den Himmel, der sie grüßte,

sah auch das Volk in langen Reihen,
wie sie sich lagerten im Freien,

da wurde seine Stimme groß,
da rief und schrie und sang er los:

«Wie schön von nah, wie schön von fern
sind deine Zelte, Volk des Herrn!

In Frieden sollt ihr weiterwandern.
Gott schützt dies Volk vor allen andern!»

Und weiter sagte Bileam:
«Ein Stern geht auf aus Jakobs Stamm.

Es kommt die Zeit, es kommt die Zeit,
da Gott durch ihn die Welt erfreut.»

Ins Tal hinab, den Berg entlang
erschallte Bileams Gesang.

Zwar rang der König seine Hände
und brüllte: «Bist du bald zu Ende?

Ich wollt dir geben Ruhm und Gold,
Gott aber hat das nicht gewollt.

Mach, daß du fortkommst! Geh nach Haus!
Ich gehe auch. Der Krieg ist aus.»

Doch keiner hörte, was er schrie.
Nur Bileam vernahmen sie:

«Der Geist des Herrn hat uns besucht,
das Gottesvolk ist uns begegnet.

Wer Juda flucht, ist selbst verflucht.
Gesegnet ist, wer Juda segnet.»

Die Geschichte von Elia
und dem bösen König Ahab

Im Morgenland, wie jeder weiß,
da ist es meistens ziemlich heiß.

Oft sinkt das Wasser in den Bächen.
Man sieht die Leute ängstlich sprechen

und sorgenvoll die Köpfe wiegen:
«Wenn wir nur dies Jahr Regen kriegen!»

Und bleibt er aus, dann seufzen sie:
«Das Jahr wird hart für Mensch und Vieh.»

So sprach man auch, als dies geschah,
im Königreich Samaria.

Ein trocknes Jahr stand vor der Tür.
Was war zu tun? so fragen wir.

Vielleicht, so denkt man, wußte Rat
der König von dem kleinen Staat.

Doch hier beginnt nun die Geschicht:
denn grad der König wußt ihn nicht.

Der Mann, der damals dort regierte,
den stolzen Namen Ahab führte.

Und seine Frau, die hieß Isébel.
Die hatte viele schöne Möbel

und viele schöne goldne Kleider,
auch goldne Schuh. Doch leider, leider

besaß die feine Königin
ein böses Herz und falschen Sinn.

Und ihre Bosheit hat direkt
den König Ahab angesteckt.

Lebten in Saus und Braus die beiden.
Das Volk, es mußte drunter leiden.

Denn wenn Isébel etwas wollte
und bei ihm bettelte und schmollte,

dann war dem König alles gleich:
das Recht, das Volk, das ganze Reich –

«Die Frau soll ihren Willen kriegen»,
so brüllte er, «und ihr Vergnügen!»

Sie dachten nur an ihren Spaß,
wobei er oft sein Volk vergaß.

Zudem war er ein Freund von Kriegen
und träumte nachts von großen Siegen.

Oft zog er fort mit Mann und Roß.
Isébel blieb allein im Schloß.

Was sie dort trieb, die böse Frau,
paßte zu alldem haargenau:

Sie liebte nämlich schwarze Künste
und ganz verkehrte Gottesdienste.

Das Volk, es sah mit Weh und Ach,
wie sie die Zehn Gebote brach.

Doch Ahab hatte nichts dagegen:
«Wenn es dir Spaß macht – meinetwegen!»

Sie stellte Bilder hin auf Brettern
von lauter ausgedachten Göttern.

Es hieß bei Hof und überhaupt:
Von jetzt ab wird an die geglaubt!

Und wer sich täglich abgerackert,
sein Land bebaut, sein Feld beackert,

der sollte ihnen Opfer schenken
an Vieh und Fett und dabei denken,

die dicken, angemalten Götter,
die schenkten Frucht und gutes Wetter.

Der König und die Königin,
die stellten neue Tempel hin.

Da sollten alle Leute rein
und Lieder für die Götzen schrein,

und wer nicht tüchtig mitgeplärrt,
der wurde einfach eingesperrt.

So trieben sie's. Und keiner sah,
was unterdes im Land geschah,

wie alles sich verschlimmerte,
weil niemand sich drum kümmerte.

Ach, man verzehrte ohne Sorgen
das Brot für heut und das für morgen.

So also stand es seinerzeit
kurz vor der großen Trockenheit.

Zu dieser Zeit im selben Land
lebte ein Mann, von Gott gesandt.

Der hieß Elia, wie man hört.
Der war natürlich sehr empört.

Er ging zum Schloß mit schnellem Schritt
und teilte dies dem König mit:

«Es ist nicht gut, wie du regierst,
dein Volk zum Götzendienst verführst

und dabei ganz und gar vergißt,
was wirklich gut und nützlich ist.

Denn Götzendienst und Zauberspuk
ist nichts als Schwindel und Betrug.

Wenn einmal Not im Land ausbricht,
dann helfen eure Götzen nicht.

Und große Not steht vor der Tür.
Gott warnt dich, Mensch, und sagt es dir.

Es wird nicht regnen tausend Tage,
nicht eher, als bis ich's dir sage.

Statt auf die Götzen zu vertraun,
solltest du lieber Brunnen baun,

statt ihnen Korn und Vieh zu schenken,
lieber an reichlich Vorrat denken.

Dein Volk braucht Pumpen und Zisternen,
und du baust Schlösser und Kasernen!

Von Wahn und Hochmut ganz besessen,
hast du dein armes Land vergessen.»

Doch Ahab hörte gar nicht hin.
Es blickte bös die Königin.

Elia ging zum Schloß hinaus.
Und wirklich blieb der Regen aus.

Der König nahm das gar nicht schwer.
«Jetzt wird es warm», so sagte er.

«Jetzt schicken uns die bunten Götter
das allerschönste Ferienwetter.»

Er lachte laut mit seiner Frau.
Im Land fiel Regen nicht noch Tau.

Ihr denkt vielleicht: Das war doch gut.
Die Männer brauchten keinen Hut,

die Kinder brauchten keine Mützen,
im Hof verschwanden alle Pfützen;

die Wäsche trocknete im Nu,
und keiner kriegte nasse Schuh.

Doch wer so denkt, der denkt nicht weit;
denn schrecklich war die Trockenheit:

Die Quellen fingen an zu stocken,
die Flüsse wurden langsam trocken,

und aus der Pumpe kam -- o Graus --
nur gelber Rost und Staub heraus.

Man hatte schon nach ein paar Wochen
kein Wasser mehr zum Suppekochen.

Der Gastwirt mußte seine Flaschen
ein Jahr im selben Wasser waschen.

Das Futtergrün fing an zu welken:
man konnte kaum die Kühe melken.

In seinen Ställen stand das Vieh,
es hatte großen Durst und schrie.

Die Blätter, die die Ziegen knapperten,
sie wurden gelb und dürr und klapperten.

Die Kinder hatten großen Schaden:
Die Mädchen konnten nicht mehr baden,

die Jungen konnten nicht mehr angeln.
Die Wäsche mußt man schmutzig mangeln.

Ach ja, es war ein großes Leid
in jener langen dürren Zeit.

Die armen Leute sagten nun:
«Man muß doch was dagegen tun!»

Drum stiegen sie zum Schloß hinauf.
Der Diener tat die Türe auf.

Zum König bracht man die Beschwerden,
und alles rief: «Was soll denn werden?»

Isébel riß ihr Kleid in Fetzen
und schrie: «Verlaßt euch auf die Götzen!»

Und Ahab sprach mit Ungeduld:
«An allem ist Elia schuld!

Der hat mich neulich frech verklagt
und Trockenheit vorausgesagt.

An ihm, so denk ich, wird es liegen.
Wir müssen sehn, daß wir ihn kriegen.

Soldaten sind schon losgegangen,
zu suchen ihn und einzufangen.»

Es suchten die Soldaten weit,
marschierten eine lange Zeit

und fragten den und fragten wen:
«Habt ihr Elia nicht gesehn?»

Sie hatten mit sich lange Stangen,
Elia damit einzufangen,

auch Stricke, um ihn anzubinden.
Jedoch sie konnten ihn nicht finden.

Elia aber hat indessen
an einem kleinen Bach gesessen.

Die Leute dachten, er ist weg,
er aber saß dort im Versteck.

Der kleine Bach war Krit genannt.
Dort hockte er am Uferrand.

Das Flußbett war noch etwas feucht.
Als Trunk für einen hat's gereicht.

Doch wie sein Essen er bekam,
das war nun wirklich wundersam.

Frühmorgens, heißt es, kamen Raben,
die ihm etwas zu essen gaben.

Von weit, von weit her flogen sie
und setzten sich auf seine Knie.

Sie kehrten auch am Abend wieder
und gingen bei Elia nieder.

Sie brachten Fleisch. Sie brachten Brot.
Elia hatte keine Not.

Er sagte «Danke sehr» und aß.
Die Raben setzten sich ins Gras.

Dann schlugen sie mit ihren Flügeln,
verschwanden fern in blauen Hügeln.

Doch eines Morgens – welch ein Schreck –
war auch im Krit das Wasser weg.

Vertrocknet war der kleine Bach.
Doch Gott zu dem Elia sprach:

«Nun mach dich auf. Nun wandre los!
Ich bin mit dir. Und ich bin groß.»

So kam's, daß er sich führen ließ
in eine Stadt, die Zarpat hieß.

Der Weg war weit. Das Land war kahl
und Dürre über Fluß und Tal.

Die Leute standen dünn und schlapp.
Das Essen wurde ihnen knapp.

Denn bei der großen Trockenheit,
da gab's natürlich kein Getreid.

Drum gab's kein Mehl, drum gab's kein Brot,
drum war im Lande Hungersnot.

Elia nun, vom Wandern matt,
der war schon nahe bei der Stadt,

als eine Witwe, krumm und lahm,
zum Tor heraus gehumpelt kam.

Ganz mager war sie und ganz dünn,
die Backen hohl und spitz das Kinn.

«Ach», sagte sie, «ich sammle jetzt
ein Brennholz mir zu guter Letzt.

Das wird mein Sohn daheim zerhacken.
Ich will zum letzten Mal was backen.

Im Topf ist noch ein Restchen Mehl.
Im Krug ist noch ein Tröpfchen Öl.

Da back ich mir und meinem Sohn
ein letztes kleines Brot davon.

Das essen wir. Und hinterher,
dann haben wir rein gar nichts mehr.

Dann leg ich mich mit meinem Kind
und wart, bis wir verhungert sind.»

«Ach», bat Elia, «nehmt mich mit!
Dann essen wir das Brot zu dritt.

Ich sag: Es soll euch nicht gereun.
Es wird das letzte Brot nicht sein.

Denn so spricht Gott, der mich gesandt
in Israel, sein armes Land:

Wer ihm gehorcht zur Zeit der Not
und teilt getrost sein letztes Brot,

der kommt nicht um. Dem bleibt genug,
bleibt Mehl im Topf und Öl im Krug.»

Da nahm die Frau ihn mit ins Haus.
Sie buk das Brot. Sie nahm's heraus,

stellt's auf den Tisch, an dem sie saßen.
Elia dankte, und sie aßen.

Danach geschah's, wie er versprochen:
Ihr Mehl, es reichte Tag und Wochen.

Die Witwe briet. Die Witwe buk:
sie hatte immer Öl im Krug.

Es war nicht viel, doch auch nicht knapp.
Sie aßen, und sie gaben ab.

Die drei, sie wurden täglich satt.
So blieb Elia in der Stadt.

So blieb Elia in dem Haus.
Es ging das Mehl und Öl nicht aus.

Die Zeit verging. Es wurde bald
der böse König Ahab alt.

Die Luft war heiß. Das Wasser fehlte.
Der König seine Pferde zählte.

Verdurstet waren schon die meisten,
die andern konnten nichts mehr leisten.

Der König sprach zu seinem Knecht:
«Wenn man doch Wasser finden möcht.

Geh diesen Weg, ich geh den andern.
Landauf, landabwärts wolln wir wandern,

nachsehn in Tälern und in Gründen,
ob wir ein Tröpfchen Wasser finden.»

Ihr seht, die Not war wirklich groß.
Nun gut, die beiden zogen los:

der eine hier-, der andre dorthin,
so kamen sie zu jedem Ort hin.

Doch plötzlich mitten über Land
Elia vor dem König stand.

«Halt!» sagte er. «Jetzt ist's genug!
Sprich, König, bist du endlich klug?»

Doch gleich fing Ahab an zu schrein:
«Elia, du bist schuld allein!

Kam nicht die Trockenheit von dir?
Und als sie kam, warst du nicht hier.»

Elia aber sagte drauf:
«Schweig still und mach die Augen auf!

Die Götter, die ihr ausgedacht,
sie haben euch kein Glück gebracht.

Sie können mit den toten Händen
nicht Regen und nicht Sonne senden.

Was not tut, will der Herr dir zeigen.
Er redet, wenn die Götter schweigen.

Wann lernt ihr endlich, seinen Willen
im Dienst am Nächsten zu erfüllen?

Der Regen kommt, wenn seine Zeit ist,
und Segen, wenn man so bereit ist.»

Elia ging ins Königreich.
Er fand die Götzendiener gleich.

Er hielt ein großes Strafgericht.
Die guten Leute traf es nicht.

Doch dann stieg er mit großer Eil
auf einen Berg, gezackt und steil.

Und als er auf dem Gipfel war,
da bückte er sich sonderbar.

Er beugte sich und kniete tief.
Er winkte seinem Knecht und rief:

«Tritt drüben an den Felsenrand!
Steh still und blicke weit ins Land!

Steh still und blicke bis zum Meer!
Kommt dort nicht eine Wolke her?»

Er beugte sich. Er neigte sich.
Doch keine Wolke zeigte sich.

Er schickt' den Knecht zum zweiten Mal,
zum dritten Mal, zum vierten Mal.

Und als er siebenmal geschickt
und siebenmal zum Meer geblickt,

sah er ein Wölkchen überm Land,
so groß wie eine Männerhand.

Die Wolke wuchs und wurde schwer.
Da kam ein Wind, der trug sie her.

Die Wolke wuchs und schwebte tiefer.
Der Himmel wurde schwarz wie Schiefer.

Die Wolke wuchs und wurde groß.
Und plötzlich brach der Regen los.

Das Wasser sprang von Stein zu Stein
und rauschte in das Tal hinein.

Von allen Zweigen tropfte es.
An alle Fenster klopfte es.

Die toten Quellen wurden wach,
und siehe da: schon sprang der Bach.

Das Gras erhob sich langsam wieder.
Die Vögel sträubten ihr Gefieder.

Es tranken Kühe, tranken Pferde,
es trank im Feld die trockne Erde.

Die Menschen traten in den Regen
und hielten ihm den Kopf entgegen.

Sie wuschen ihre harten Hände:
Gottlob, nun hat die Not ein Ende!

Der Regen rauschte übers Land,
und hell ein Regenbogen stand.

Die Geschichte von Micha Ben Jimla und den zwei verschwägerten Königen

Jerusalem liegt auf den Höhen;
man kann es schon von weitem sehen.

Der Berg des Tempels ist am höchsten,
das Königsschloß steht auf dem nächsten.

Die Fenster seiner Goldgemächer
schaun auf die Stadt und ihre Dächer.

Da wohnten nämlich immerhin
die Könige von Juda drin.

So lebte einst in dieser Stadt
der gute König Josaphat.

Er herrschte dort, und jeder fand,
daß er die Sache gut verstand.

Zum Beispiel ließ er überall
die Städte rings mit Tor und Wall

und Mauerwerk befestigen:
man konnt sie nicht belästigen.

Vor Wölfen, Räubern und vor Dieben
sind sie seitdem verschont geblieben.

Und schloß man nachts die Tore zu,
ging jeder unbesorgt zur Ruh.

Dann, daß sie stets zu essen hätten,
plant' er den Bau von Vorratsstätten.

War nun in Juda schlechte Zeit,
so standen Scheunen dort bereit,

darin war Korn und Öl gelagert.
Und so ist niemand abgemagert.

Da sprach der König Josaphat:
«Jetzt ist mein Volk in Ruh und satt.

Das ist mir aber nicht genug:
Wer satt ist, ist noch längst nicht klug.

Im nächsten Herbst und später nicht
beginnt im Land der Unterricht.»

Er suchte also ein paar Männer,
gelehrte Herrn und Bibelkenner,

die wanderten ins Land hinaus
und legten Gottes Willen aus.

Sie schleppten das Gesetzesbuch,
darin stand alles, Spruch für Spruch.

Und kamen irgendwelche Fragen,
so brauchten sie nur nachzuschlagen.

Die Leute strahlten, wenn sie hörten:
«Paßt auf, bald kommen die Gelehrten!»

Man hatte Zeit jetzt nach der Ernte,
da war man froh, wenn man was lernte.

Und zogen dann die Männer weiter,
so waren alle viel gescheiter;

sie kannten Gottes Willen nun
und wollten ihn auch gerne tun.

Drum sagte jeder ganz entzückt:
«Daß die der König hergeschickt,

das war ein Glück für unsre Stadt.
Es lebe König Josaphat!»

So konnte man von Juda sagen:
die Leute hatten nichts zu klagen.

Und auch dem König ging es gut
wie jedem, der das Rechte tut.

Nun traf sich's, daß er Lust bekam
und eine Reise unternahm.

Er packte also seine Sachen,
im Nachbarland Besuch zu machen.

Er reiste nach Samaria;
denn König Ahab wohnte da.

Sie warn zwar völlig unterschiedlich,
der eine wild, der andre friedlich –

Und trotzdem: der Besuch erfreute;
denn ihre Kinder, junge Leute,

die liebten sich und warn sogar
inzwischen schon ein Ehepaar.

Laut wurde Josaphat empfangen
und glanzvoll sein Besuch begangen.

Daß es ein Festmahl gab für jeden,
darüber braucht man nicht zu reden:

denn wenn sich Könige besuchen,
dann schwimmt die Stadt in Honigkuchen.

Doch fanden sie bei Wein und Braten
noch immer Zeit, sich zu beraten.

So sagte Ahab eines Tages:
«Dir mag's nicht passen, doch ich sag es:

Du kennst doch sicher eine Stadt,
die Ramoth heißt in Gilead.

Die Stadt liegt heut im Land der Syrer;
doch wäre ich ein schlechter Führer,

wenn ich nicht wüßte, daß vor Jahren
die Grenzen etwas anders waren.

Ich weiß genau und bin empört:
die Stadt hat früher uns gehört.

Ich komme also zu dem Schluß,
daß ich dort Krieg beginnen muß.

Da brech ich in ihr Land hinein
und hau die Syrer kurz und klein.

Was Ahab sagt, das macht er wahr!
Und, Josaphat, es ist doch klar,

daß du mich dabei unterstützt,
da du an meinem Tische sitzt.»

Der gute König war hingegen
bei solchen Reden sehr verlegen.

Denn so ein Krieg um Landgewinn
war keineswegs nach seinem Sinn.

Hätt er geahnt, was die hier trieben,
er wär bestimmt daheim geblieben.

Doch schien es sich auch nicht zu passen,
den andern jetzt im Stich zu lassen.

Zudem rief Ahab: «Nicht gezögert!
Und denke dran: wir sind verschwägert.»

Er sagte also ritterlich:
«Schon gut, ich laß dich nicht im Stich.

Und wenn es wirklich nötig wäre,
sind meine Heere deine Heere.

Doch besser wäre es, wir beiden,
wir könnten einen Krieg vermeiden,

besonders einen Krieg wie diesen:
für eine Stadt ein Blutvergießen.

Ich hätte also vorzuschlagen,
den Willen Gottes zu erfragen.»

«Mir recht!» rief Ahab. «Sein wir fromm!
Wir gehn zu den Propheten, komm!»

Nun gab es in der Stadt ein Tor
mit einem schönen Platz davor.

Dorthin auf ein paar breite Treppen
ließ er die beiden Throne schleppen,

damit in aller Pracht auf diesen
die Könige sich niederließen.

Inzwischen wurde auch befohlen,
Propheten auf den Platz zu holen.

Und alle Leute, welche fanden,
sie hätten Gott den Herrn verstanden,

die ließen sich nicht lange bitten
und kamen eilig angeschritten.

Bald wimmelte der Platz von Leuten.
Die wollten Gottes Willen deuten.

Da dröhnten welche stark und rüstig,
und andre piepsten vogelbrüstig;

dazwischen brummelten die Alten
und legten ihre Stirn in Falten.

«Mann!» sagte Josaphat verwundert,
«das sind doch sicher ein paar hundert!

Nein, darauf war ich nicht gefaßt,
daß du so viel Propheten hast.»

Und Ahab rief: «Schweigt alle still,
weil ich euch jetzt befragen will!

Da ihr euch doch Propheten nennt
und also Gottes Willen kennt,

so kennt ihr wohl auch mein Verlangen,
den Krieg um Ramoth anzufangen.

Jetzt helft mir, den Beschluß zu fassen:
Soll ich es tun? Soll ich es lassen?»

Die Frage war noch nicht zu Ende,
da hob der erste schon die Hände

und rief und winkte: «Heil und Sieg!
Zieht nur hinauf! Gott will den Krieg!»

Jetzt wollte niemand letzter sein.
Jetzt fingen alle an zu schrein:

«Hurra!» und «Prosit!» und «Viel Glück!
Ihr kommt bestimmt gesund zurück.»

Sie jubelten aus vollem Hals,
Und Ahab lachte ebenfalls.

Nur Josaphat sprach ganz betreten:
«Gibt's hier nicht andere Propheten?

Ich weiß nicht recht – all das Geschrei:
bei Gott, mir ist nicht wohl dabei.»

Doch Ahab fauchte ärgerlich:
«Wer weissagt, das bestimme ich!

Natürlich haben wir noch einen;
der aber darf hier nicht erscheinen:

Micha Ben Jimla – mir verhaßt.
Der weissagt stets, was mir nicht paßt.»

Josaphat sagte: «Red nicht so!
Wenn der nicht lügt, dann sei doch froh.»

So wurde denn zum Schluß befohlen,
Micha Ben Jimla doch zu holen.

Der Diener lief zu Michas Haus
und rief und klopfte ihn heraus.

Dann unterwegs beriet er ihn:
«Der König will nach Ramoth ziehn.

Nun haben alle, die er fragt’,
nur Glück und Sieg vorausgesagt.

Du red dich nicht um Kopf und Kragen!
Sag einfach, was sie alle sagen.»

Und Micha sprach: «Dein Rat in Ehren –
doch Gottes Willen soll er hören.»

Inzwischen waren sie am Tor
und sahen den Tumult davor.

Ein Mann, der Zedekia hieß,
sich grade furchtbar hören ließ.

Er hatte seine Faust geballt
und Eisenhörner umgeschnallt.

Nun stieß er um sich wie ein Tier
und brüllt’, als wäre er ein Stier.

Und alle sprangen schnell zur Seit
und brachten sich in Sicherheit.

Er aber rief: «Mit solcher Wucht
schlägst du die Syrer in die Flucht!»

Gleich waren alle wieder flott
und schrien: «Jawohl! So redet Gott!»

Der König hatte grad vernommen,
Micha Ben Jimla ist gekommen.

Er bat die schreienden Propheten,
doch einen Schritt zurückzutreten.

Es wurde still, und Micha trat
vor Ahab und vor Josaphat.

«Nun sag uns, was der Höchste spricht!
Soll Krieg sein, Micha, oder nicht?»

Der Micha sah verdrießlich drein:
«Du hörst doch, was sie alle schrein.

So zieht doch los! Macht euern Krieg!
Wir schrein gehorsam: Heil und Sieg!»

Doch Ahab sagte ärgerlich:
«Was soll das? Ich beschwöre dich,

daß du hier nicht wie alle schreist.
Du sag die Wahrheit, die du weißt!»

Jetzt nickte Micha lang und schwer.
«Die Zukunft sah ich», sagte er.

«Ganz Israel hab ich gesehen:
Sie weinten ringsum auf den Höhen.

All die Verstreuten und Verirrten,
sie warn wie Schafe ohne Hirten.

‹Dies ist mein Volk›, sprach Gott der Herr,
‹die haben keinen König mehr›.

Und Rufen hört ich: ‹Auf nach Süden!
Zieht heim! Zieht heim! Und geht in Frieden!›

Jetzt weißt du, König, was geschieht,
wenn ihr hinauf nach Ramoth zieht.»

Der König Ahab saß ganz bleich
und sprach verstört: «Ich wußt es gleich.

Da mag hier jubeln jedermann –
er sagt mir trotzdem Unheil an.»

Und all die anderen Propheten
nach Micha ihre Hälse drehten.

Sie wollten grade Atem schöpfen
und weiter schrein mit roten Köpfen,

als Micha rief: «Ihr schwindelt ja!
Hört lieber, was ich weiter sah!

Mir war, als ob ich aus der Nähe
Gott selbst auf seinem Throne sähe,

als ob von einem Himmelsheere
sein ganzer Thron umlagert wäre.

Und Gottes Stimme war zu hören:
‹Wer will den Ahab mir betören,

damit er den Verstand verliert
und einen Krieg um Ramoth führt?›

Zuerst war wenig zu verstehn,
man nannte diesen, nannte den.

Da sprang hervor auf leichtem Fuß
der Himmelswind und rief: ‹Ich tu's!

All die Propheten dort im Land
beblase ich mit Unverstand.

Da weht dann seinen Heilsverkündern
nur lauter Lüge aus den Mündern›»

Und Micha rief: «Man merkt es ja:
Schon ist geschehen, was ich sah.

Sie alle raten hier zum Kriege.
Es braust der Platz vom Wind der Lüge.

Noch hast du Zeit – doch nicht mehr lang.
Ihr Jubeln ist dein Untergang.»

Da riefen alle Mann gekränkt:
«Ein Lügenwind? Was der sich denkt!»

Ja, einige Propheten schrien:
«Los, Männer, wir verprügeln ihn!»

Und Zedekia sprang heran,
schlug auf ihn los und schrie ihn an.

Doch Micha stand und sagte kalt:
«Ach, Zedekia – ach, wie bald,

dann rennst du hinter alle Ecken,
dich vor den Leuten zu verstecken!»

Der König winkte zwei Soldaten,
die eilig hinter Micha traten.

Und Ahab sprach: «Nehmt ihn in Haft!
Er wird ins Burgverlies geschafft.

Dort wartet er, bis ich mit Ehre
und wohlbehalten wiederkehre.»

Und Micha sprach, als sie ihn banden:
«So schlecht hast du mein Wort verstanden!

Ich sagte dir den Spruch des Herren.
Du läßt mich ins Gefängnis sperren.

Nun, Völker, hört! – Ihr müßt entscheiden,
wer schließlich recht hat von uns beiden.»

So saß denn Micha im Verlies,
als draußen die Trompete blies,

als Ahab zog und Josaphat
mit Roß und Reiter aus der Stadt.

Und Micha wartet' Tag und Nacht.
Und in der Ferne ging die Schlacht.

Doch eines Abends ganz weit draußen,
da ging es an wie fernes Brausen,

und langsam hörte man von weiten
den müden Schritt von vielen Leuten.

Da lauschte Micha und vernahm,
wie Mann um Mann nach Hause kam.

«Geht still davon! Geht still nach Haus! –
Ahab ist tot. – Alles ist aus.»

So scholl ihr Ruf. «Gott hat entschieden.
Zieht heim! Zieht heim! Und geht in Frieden.»

Da sahen alle den Propheten
an sein vergittert Fenster treten.

Man schloß ihm auf. Er trat hinaus.
Und er ging schweigend in sein Haus.

Was aber hat nach dieser Schlacht
der König Josaphat gemacht?

Er kehrte heim nach alledem
in seine Stadt Jerusalem,

sah traurig aus den Goldgemächern
zur Stadt hinab und ihren Dächern.

Und alle fragten, die ihn sahn:
«Ach, warum hat er das getan?

Der König hat sich selbst betrogen,
als er in diesen Krieg gezogen.»

Man hört, daß König Josaphat
die Lehre wohl verstanden hat.

Er diente Gott treu wie vorher.
Er zog in keine Kriege mehr.

Und so war Juda Glück beschieden
und lange gute Zeit in Frieden.

Die Geschichte von Jona
und der schönen Stadt Ninive

Wie schön war aus der Fern und Näh,
wie schön war die Stadt Ninive!

Sie hatte Mauern, stark und dick.
Die Wächter machten Blasmusik.

Ein Stadttor war aus blauen Ziegeln
mit schwerer Tür und goldenen Riegeln,

davor zwölf bärtige Soldaten
von einem Bein aufs andre traten.

Die Häuser waren schön und bunt,
die Türme spitz, die Türen rund.

Man konnte dort drei Tage wandern
von einem schönen Platz zum andern.

Da blühten Bäume in den Straßen,
auf denen bunte Vögel saßen.

Da gab es Teiche, voll von Fischen,
auch schönen goldenen dazwischen.

Die Kinder rannten um die Ecken
und spielten Haschen und Verstecken.

Dem König selbst gefiel es dort:
er wohnte darum auch am Ort.

Es gab ein goldenes Schloß für ihn,
das glänzte, wenn die Sonne schien.

Und abends auf den Mauerzinnen,
da sangen oft die Sängerinnen.

Es standen Kühe in den Gärten,
wohin sie die Besitzer sperrten.

Auch sah man kleine Schafe weiden;
die blökten freundlich und bescheiden.

Und Gott sah aus von seiner Höh
und sah auf die Stadt Ninive.

Die schöne Stadt, sie macht' ihm Sorgen,
die Bosheit blieb ihm nicht verborgen.

Da tranken sie. Da aßen sie.
Die Hungernden vergaßen sie.

Der König schickte die Soldaten;
die plünderten in fremden Staaten.

Und ihre schönen bunten Kleider,
die nähten eingefangne Schneider.

Gott sprach, nachdem er das gesehen:
«Nein, so kann es nicht weitergehen.»

Und sprach: «Wenn sie sich nicht bekehrt,
wird bald die schöne Stadt zerstört.»

Und Gott sah aus von seiner Höh
und sah auf die Stadt Ninive.

Dann ließ er seine Blicke wandern
langsam von einem Land zum andern,

sah Wald, sah Meer, sah das, sah dies –
sah einen Mann, der Jona hieß.

«Los Jona», sprach der Herr, «nun geh
auf schnellstem Weg nach Ninive!

Sag ihr mein Wort! Sei mein Prophet,
weil es dort leider übel steht.

Da hilft nur eine kräftige Predigt,
sonst ist die schöne Stadt erledigt!»

Doch Jona wurde blaß vor Schreck
und sagte zu sich: «Nichts als weg!

Ich lösch mein Licht, verschließ mein Haus.
Ich mach mich fort. Ich reiße aus.»

Den Blick nach Westen wandte er.
Erst lief er nur. Dann rannte er.

Am Feld entlang – am Wald entlang –
er sah sich um. Es war ihm bang.

Der Staub flog hoch. Er keuchte sehr,
als liefe einer hinter ihm her.

Gott aber, der den Weg schon kannte,
sah lächelnd zu, wie Jona rannte.

Am Ende kam der müde Mann
am weiten blauen Meere an.

Da roch die Luft nach Salz und Tang.
Da fuhrn die Fischer aus zum Fang.

Matrosen sah man lachend schlendern,
erzählten sich von fremden Ländern.

Noch lag ihr Schiff an festen Tauen.
Noch sangen die Matrosenfrauen.

Als Jona alles angestaunt,
da war er wieder gut gelaunt.

Er sagte zu dem Kapitän:
«Wohin soll denn die Reise gehn?»

«Nach Tharsis geht es», sagte der,
«weit weg von hier, weit übers Meer».

«Je weiter», rief er, «desto besser!
Hört zu: Ich bin kein starker Esser,

ich nehme wenig Platz euch weg
und zahle gut. Laßt mich an Deck!»

So zahlte er und ging an Bord.
Und bald darauf, da fuhrn sie fort.

Das Meer war weit. Das grüne Land,
es wurde kleiner und verschwand.

«Ahoi!» rief Jona. «Klar bei See!
Ich gehe nicht nach Ninive!»

Dann langsam sank die Sonne unter.
So stieg er in das Schiff hinunter.

Und weil er nicht geschlafen hatte,
legt' er sich in die Hängematte.

Und Gott sah aus von seiner Höh
und sah auf die Stadt Ninive

und sah das Schiff, schon weit vom Hafen,
und sah: Jetzt geht der Jona schlafen.

Auf einmal gab es einen Stoß.
Das Schiff stand schief. Ein Sturm brach los.

Die Wellen schwappten über Deck
und spülten alle Bänke weg.

Das Ruder schlug und brach zuletzt.
Das große Segel hing zerfetzt.

Nun rollten Donner, zuckten Blitze.
Der hohe Mast verlor die Spitze.

Das Schiff, es wurde hochgehoben
und zeigte manchmal steil nach oben.

Den armen Leuten auf dem Schiff
war bange, als der Sturmwind pfiff.

Sie liefen ängstlich hin und her.
Ihr Boot schien ihnen viel zu schwer.

Sie nahmen alles, was sie hatten:
den Anker und die Hängematten,

den Kompaß und das Wetterhaus,
und warfen es zum Schiff hinaus.

Dann wollten sie in ihren Nöten
ein Lied anstimmen oder beten.

So riefen sie – weil sie nicht wußten,
zu wem sie wirklich beten mußten;

denn Gott war ihnen unbekannt –:
«Hilf, wer das kann, hilf uns an Land!»

Zu Jona lief der Kapitän
und bat ihn, endlich aufzustehn.

«Auf! Auf!» befahl er dem Propheten,
«wenn du es kannst, dann hilf uns beten!»

Inzwischen sagten die Matrosen,
sie wollten miteinander losen.

Wer nun das schwarze Los bekäm,
der wäre schuld an alledem.

Und Jona zog das schwarze Los.
Und jeder sprach: «Wer ist das bloß?»

«Ich bin», sprach Jona, «ein Hebräer.
Ich flieh – und doch kommt Gott mir näher.

Ja, Gott, dem bin ich wohlbekannt.
Hat mich nach Ninive gesandt.

Da bin ich vor ihm ausgerissen
und werd nun wohl ertrinken müssen».

Zuerst versuchten die Matrosen
es noch mit Rudern und mit Stoßen.

Doch als es gar nicht anders ging
und schon das Schiff zu sinken anfing,

da nahmen sie den Jona her
und warfen ihn hinaus ins Meer.

Sie sahn ihm nach, wie er verschwand,
und riefen: «Gott, bring uns an Land!»

Und siehe da – die Winde schwiegen,
die Wolke schwand, die Sterne stiegen.

Es wurde still all überm Meer.
Das Schiff zog ruhig wie vorher.

Und sie erholten sich allmählich,
sie lobten Gott und wurden fröhlich.

Bald sahn sie auch ein Land von weiten
und kamen dort zu guten Leuten.

Der arme Jona schwamm inzwischen
im Meer herum mit lauter Fischen.

Es war nicht Schiff noch Insel da,
nur blaues Meer, soweit man sah.

Er war zum Glück kein schlechter Schwimmer;
doch bis nach Hause – nie und nimmer!

Da plötzlich teilten sich die Wogen.
Es kam ein großer Fisch gezogen.

Dem hatte Gott der Herr befohlen,
den nassen Jona heimzuholen.

Sein Maul war groß wie eine Tür.
Das sperrt' er auf und sagte: «Hier!»

Er saugte den Propheten ein.
Der rutschte in den Bauch hinein.

Dort saß er, glitschig, aber froh:
denn naß war er ja sowieso.

Da hat er in des Bauches Nacht
ein schönes Lied sich ausgedacht.

Das sang er laut und sang er gern.
Er lobte damit Gott den Herrn.

Der Fischbauch war wie ein Gewölbe:
das Echo sang noch mal dasselbe.

Die Stimme schwang, das Echo klang,
der ganze Fisch war voll Gesang.

Am dritten Tag im Abendlicht,
da kam das grüne Land in Sicht.

Der Fisch, der würgte sehr und spuckte,
bis Jona aus dem Maul ihm guckte.

Nun sprang der Jona auf den Strand
und winkte, bis der Fisch verschwand.

Und Gott sah aus von seiner Höh
und sah auf die Stadt Ninive,

sah auch den guten Fisch und sah:
Jetzt ist der Jona wieder da.

Und sprach zu ihm: «Nun aber geh
auf schnellstem Weg nach Ninive!»

Da ging er los und floh nicht mehr.
Viel Tag und Nächte wandert' er.

Er kam ans Tor und ging hinein.
Die Stadt war groß, er war allein.

Und trotzdem faßte er sich Mut,
hielt seine Predigt, kurz und gut,

und rief auf Plätzen und auf Straßen,
wo Leute standen oder saßen:

«Noch vierzig Tage, spricht der Herr,
dann gibt es Ninive nicht mehr.

Die Stadt ist groß. Die Stadt ist schön.
Was böse ist, muß untergehn.»

Die Leute, wie man denken kann,
die hörten das mit Schrecken an.

Sie hatten nie daran gedacht
und schliefen nicht die nächste Nacht.

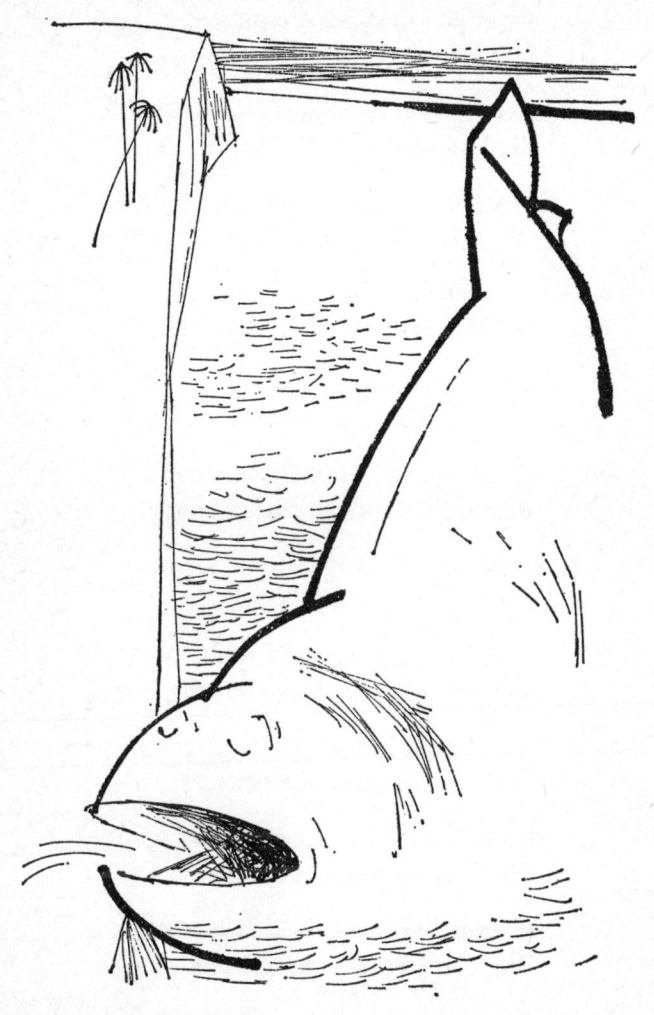

Und morgens war die Lust dahin,
die schönen Kleider anzuziehn.

Sie zogen einfach Säcke über
und eine alte Schürze drüber.

Es sang kein Mensch ein frohes Lied mehr.
Sie hatten keinen Appetit mehr.

Sie aßen nicht. Sie tranken nicht.
Sie dachten nur ans Strafgericht.

Und als der König das erfuhr,
erschrak er auch und nickte nur.

Er zog den Purpurmantel aus
und schickte seinen Koch nach Haus.

Er nahm nicht Schuh noch Fingerring,
weil er im Sack und barfuß ging.

Sein Herold rief mit Hörnerklang:
«Befehl: Ihr sollt drei Tage lang

bedenken in der ganzen Stadt,
was Jona euch gepredigt hat,

was jeder Böses hat getan
und wie er's besser machen kann.

Ihr sollt die Kleider und das Essen,
ja selbst einmal das Vieh vergessen.

Ihr sollt in Häusern und in Hütten
den Herrn um sein Erbarmen bitten.

Vielleicht ist es noch nicht zu spät,
daß unsre Stadt nicht untergeht.»

Und Gott sah aus von seiner Höh
und sah auf die Stadt Ninive

und sah die traurigen Gestalten
und sprach: «Ich will die Stadt erhalten.»

Da waren alle Leute froh
und ihre Tiere ebenso.

Nur Jona nicht. Den packt' die Wut.
Er sprach zu Gott: «Du bist zu gut!

Das hab ich nun von meiner Predigt:
die böse Stadt bleibt unbeschädigt.

Ich hatte mir das gleich gedacht,
mich deshalb aus dem Staub gemacht.»

Gott aber sprach und wundert' sich:
«Mein lieber Jona, ärgert's dich?»

Da hatte Jona alles satt
und ging verdrießlich aus der Stadt.

Er hat sich auf dem freien Feld
ein kleines Häuschen aufgestellt.

Dort konnt er sehen aus der Nähe,
was weiter mit der Stadt geschähe.

Doch als er schlief die nächste Nacht,
hat Gott ihm ein Geschenk gemacht.

Als früh er vor die Türe trat
– ein heißer Morgen war es grad –,

da traut' er seinen Augen kaum,
da war's gewachsen wie ein Baum,

ein Rizinus, ein grüner Strauch
mit festem Stamm und Zweigen auch;

und weil die breite Blätter hatten,
lag seine Hütte nun im Schatten.

Da freute sich der Jona sehr
und dacht an keinen Ärger mehr.

Er streckt' sich aus im Sommerwetter
und sah die Sonne durch die Blätter.

Ja, sagte er, so ist's gemütlich!
Der ganze Tag war blau und friedlich.

Doch ach, schon in der nächsten Nacht,
noch ehe Jona aufgewacht,

da kam ein giftiger Wurm gekrochen,
der hat den Rizinus gestochen.

Als Jona vor die Türe trat
– ein heißer Morgen war es grad –,

erschrak er sehr und sah sofort:
Sein Rizinus war ganz verdorrt.

Die Blätter hingen schlapp und braun,
ganz kahl und traurig anzuschaun.

Die Sonne stach. Ein Wind ging heiß.
Der arme Jona stand in Schweiß.

Da weinte er. Da sagte er:
«Ach, wär ich tot! Ich kann nicht mehr.»

Gott sprach zu ihm ein gutes Wort:
«Jetzt weinst du, weil dein Baum verdorrt,

den du nicht wachsen lassen kannst
und den du nicht mal selbst gepflanzt.

Da sollte ich nicht traurig werden,
wenn meine Kinder dort auf Erden

verderben und zugrunde gehn,
weil sie mein Wort nicht gut verstehn?

Da sollte ich die Stadt nicht schonen,
in der so viele Menschen wohnen,

so viele Eltern, viele Kinder,
so viele arme, dumme Sünder,

so viele fröhliche Gesellen –
dazu die Tiere in den Ställen!

Vielleicht für dich zum guten Schluß
wächst bald ein neuer Rizinus.

Bestimmt, du wirst dich an dem neuen
genauso wie am alten freuen.

Dann denke: So in seiner Höh
freut sich der Herr an Ninive.»

Die Geschichte von Daniel
und den Löwen in der Grube

Ihr lernt jetzt einen König kennen,
den wollen wir Darius nennen.

Sein Reich war ganz unglaublich groß:
er kannte selbst die Hälfte bloß;

denn eh man eine weit entfernte
Reichshälfte sah und kennenlernte,

da hatte man bestimmt indessen
die andere schon längst vergessen.

So war Darius außerstande,
sein Werk zu tun im ganzen Lande;

denn solch ein König hat alleine
auch nur zwei Hände und zwei Beine.

Er stellte also Männer an,
die ständig nach dem Rechten sahn.

In allen Städten und Bezirken,
da sah man sie mit Eifer wirken:

die Unterfürsten, Landesführer,
die Stellvertreter und Kassierer.

Auch die Entferntesten und Letzten
bekamen ihren Vorgesetzten.

Das Königsschloß war riesengroß,
voll von Kanzleien und Büros.

Und dort – das kann man ja verstehn –
war ständig Kommen oder Gehn.

Auf Treppen sah man und auf Gängen
sich Boten und Beamte drängen.

Da schritten, stolz und aufgebläht,
die Räte Seiner Majestät.

Und drinnen saßen – grau vor Alter –
des Reiches oberste Verwalter.

Doch weiter hinten im Palast,
da gab es weder Lärm noch Hast.

Da saß, umfunkelt von Juwelen,
der König selbst in seinen Sälen.

Er trat hinaus in seine Gärten
und lauschte dort den Hofkonzerten.

Die Simse säumten goldne Vasen.
Springbrunnen sprangen aus dem Rasen.

Auch eine Tierschau war zu haben:
die Löwengrube, tief gegraben.

Dort blieb der König manchmal stehen,
um sich die Löwen anzusehen.

Er sah, wie sie an heißen Tagen
dort unten unbeweglich lagen.

Er sah sie plötzlich rasselnd gähnen
und wütend schütteln ihre Mähnen,

dann wieder auf und nieder trabend
vom frühen Morgen bis zum Abend.

Und wurden sie zur Nacht gefüttert,
war vom Gebrüll das Schloß erschüttert.

So ging es zu von Jahr zu Jahr,
als der Darius König war.

Nun gab es einen Mann im Land,
den er besonders tüchtig fand,

so daß er ihn erhob und ehrte,
bis er zum höchsten Rat gehörte.

Denn Oberfürsten gab es drei,
und dieser Mann war auch dabei.

Dem glückte alles, was er machte,
so daß Darius manchmal dachte:

Am besten, ich ernenn ihn gleich
zum Obersten im ganzen Reich.

Der Mann war Daniel benannt
und kam aus einem fernen Land.

Aus Juda kam er, aus der Stadt,
wo Gottes Haus gestanden hat,

wo man Gott liebte und verehrte
und schon die Kleinsten beten lehrte.

Er war nun schon seit langen Zeiten
hier unter all den fremden Leuten.

Doch lag auch Juda weit entfernt:
er hielt, was er als Kind gelernt.

Denn dreimal pünktlich jeden Tag,
was auch auf seinem Schreibtisch lag,

er ließ die ganze Arbeit stehen,
um eilig in sein Haus zu gehen.

Dort stieg er hoch bis unters Dach
in ein besonderes Gemach.

Sein Fenster war dahin gewandt,
wo irgend fern der Tempel stand.

Hier sprach er Psalmen und Gebete,
sang Lob und klagte seine Nöte.

Danach im Schloß getrost und heiter
versah er seine Arbeit weiter.

So ging es zu von Jahr zu Jahr,
als Daniel am Hofe war.

Nun aber Daniels Kollegen:
die fingen an, sich aufzuregen.

Sie tuschelten. Sie warn empört.
Sie zischten: «Hast du's schon gehört?

Der König will – es ist zum Lachen –
den Daniel zum Kanzler machen!»

Und all die anderen Beamten,
die sämtlich aus der Gegend stammten,

die schimpften laut und ungehemmt:
«Der kommt vom Ausland! Der ist fremd!»

Sie alle wünschten sich von Herzen,
ihn bei Darius anzuschwärzen.

Sie gaben ständig auf ihn acht,
ob er nicht was Verkehrtes macht';

gleich wollten sie zum König eilen,
um es ihm schleunigst mitzuteilen.

Sie hofften, daß er einmal lüge
und fremde Gelder unterschlüge,

daß er das Wichtigste vergäße,
sein Frühstück bei der Arbeit äße,

daß er es morgens mal verschlafe
oder den falschen Mann bestrafe.

Doch wie sie ihn auch überwachten,
wie sie reihum den Spitzel machten:

die Arbeit ging ihm von der Hand,
daß man nichts auszusetzen fand.

Da sprach ein finsterer Geselle:
«Der Mann hat eine schwache Stelle,

sein Beten wird der niemals lassen,
und dabei müßten wir ihn fassen!»

«Gut», riefen sie, «so wird's gemacht!»
Ein böser Plan war bald erdacht.

Sie rannten allesamt zum König.
Sie standen krumm und untertänig.

Und einer sprach: «Wir, die gesamten
Reichsvögte und Palastbeamten,

wir dachten, es ist an der Zeit,
daß du in aller Herrlichkeit

grad wie ein Gott und Himmelsfürst
ab heute angebetet wirst.

Und die Vernünftigen im Reiche,
die denken hoffentlich das gleiche.

Darum erlasse dies Gebot,
daß dem die Löwengrube droht,

der in den nächsten dreißig Tagen
Gebet und Bitte sollte wagen

zu irgend jemand außer dir.
Dies unterschreib! Es steht schon hier.»

Man gab ein Blatt ihm in die Hand,
wo alles drauf geschrieben stand

und obenan mit breiter Feder:
«Gesetz der Perser und der Meder.»

Das hieß: wenn er es unterschrieb,
daß es für immer gültig blieb.

Darius war von ihrem Plan
geschmeichelt – also angetan.

Viel Grübeln war ihm widerwärtig:
er unterschrieb – und damit fertig.

Nun warn sie alle hocherfreut
und hatten ihre Neuigkeit.

Der Hofklatsch sorgte für Verbreitung
viel schneller als bei uns die Zeitung.

Als Daniel davon erfuhr,
stand alles rum und grinste nur.

Doch er gab nichts auf ihren Spott.
Er sprach: «Ein König ist kein Gott.»

Und mittags ging er heim wie immer.
Er stieg nach oben in sein Zimmer,

er sagte Psalmen und Gebete,
sang Lob und klagte seine Nöte.

Die Männer aus den Staatskanzlein,
die schlichen aber hinterdrein.

Sie polterten die Treppe rauf.
Und plötzlich flog die Türe auf.

Es wurde hinter ihm gezischt:
«Jawohl, wir haben ihn erwischt!»

Nun wurden Köpfe reingestreckt,
und jeder rief: «Er ist entdeckt!»

Die Tür schlug zu. Die Männer gingen.
Und Daniel fuhr fort zu singen.

Danach im Schloß getrost und heiter
versah er seine Arbeit weiter.

Die andern schilderten natürlich
dem König alles ganz ausführlich.

Der klagte: «Ach, wie ihr frohlockt!
Was hab ich mir da eingebrockt!»

Obgleich den ganzen Nachmittag
er ihnen in den Ohren lag,

sie sagten störrisch: «Einerlei!
Du hast's bestimmt. Nun bleibt's dabei.

Und darum muß der Lotterbube
noch heute in die Löwengrube.»

Die Sonne sank. Sie drängten nun.
Darius konnte nichts mehr tun.

»Ich hab's nun einmal unterschrieben:
was hilft's, die Sache aufzuschieben!»

Die Wache kam. Er gab Befehl.
Bald brachten sie den Daniel.

Der König sprach: «Hätt ich gewußt,
daß grade du dran glauben mußt,

ich hätte besser nachgedacht
und niemals dies Gesetz gemacht.

Gott aber riefst du dreimal täglich.
Der kennt dich doch. Es ist doch möglich,

daß er dir jetzt zur Seite steht.
Vielleicht bewahrt dich dein Gebet.»

Nun führten sie den treuen Beter
davon wie einen Übeltäter.

Und alle staunten, als er schwieg
und fröhlich zu den Löwen stieg.

Ja, er verschwand nach kurzer Zeit
dort unten in der Dunkelheit.

Doch bei den Tieren blieb es still.
Man hörte drunten kein Gebrüll.

Die Grube schloß ein großer Stein:
Man konnte weder raus noch rein.

Der ward verkettet und verriegelt
und mit dem Königsring gesiegelt.

Beim Weg des Königs zum Palast
versagten ihm die Beine fast.

Sein Abendessen stand bereit,
doch er aß nichts vor Traurigkeit.

Und all die schönen jungen Damen,
die sonst am Abend zu ihm kamen,

die tanzten und die Flöte bliesen,
sie wurden draußen abgewiesen.

Er schlief nicht oder träumte schwer,
er warf im Bett sich hin und her.

Er hat mit Angst die ganze Nacht
an seinen Daniel gedacht.

Was aber machte der indessen?
Ganz friedlich hat er dagesessen,

er sagte Psalmen und Gebete,
sang Lob und hatte keine Nöte,

indes die Löwen ihn umschlichen
und sanft an seine Kniee strichen.

Dazwischen aber ungesehn
hört' er die Engel Gottes gehn.

Und wunderbar gelang es diesen,
die Löwenrachen zu verschließen.

Die Mähnen rings bewegten sich.
Die großen Tiere legten sich.

Sie lauschten, und der Beter sang.
Die Nacht war ihnen gar nicht lang.

Und Gottes gute Boten fuhren
hinab zu seinen Kreaturen.

Schon zeigte sich die Morgenröte,
und Daniel sprach Dankgebete.

Und auch der König sah den Morgen.
Doch er erhob sich voller Sorgen.

Er hielt es nicht mehr länger aus,
trat in die Dämmerung hinaus

und lief beim ersten Morgengrauen,
um nach dem Daniel zu schauen,

rief kläglich durch den stillen Park,
und seine Stimme ging ans Mark:

«Mein Daniel! Gib einen Laut!
Half dir dein Gott, dem du vertraut?»

Er lauschte, ob der andre riefe.
Und Daniel sprach aus der Tiefe:

«Sei ruhig! Ich bin unversehrt.
Der Herr hat mein Gebet erhört,

wie er sich in der ganzen Welt
den Betern an die Seite stellt.»

Dem König war es wie im Traum.
Er traute seinen Ohren kaum.

Denn plötzlich hatte er erkannt:
Dies war wahrhaftig Gottes Hand.

Er schrieb im nächsten Reichsbefehl:
«Groß ist der Gott des Daniel.

Er ist ein Helfer und Erretter
und herrlicher als alle Götter.»

Die bösen Hofbeamten trafen
natürlich die verdienten Strafen.

Als erstes aber ward befohlen,
den Gottesmann heraufzuholen.

Die Morgensonne brach hervor,
da zog man Daniel empor.

Ein Vogel rief. Die Löwen brüllten.
Die Gärten sich mit Leben füllten.

Es kam ein schöner Tag in Sicht.
Der Beter sang im Morgenlicht.

Die ganze Schöpfung war erhellt
und lobte Gott, den Herrn der Welt.

Zuerst hatte ich gar nichts anderes vor, als meinen Paten-kindern, fünf sehr kleinen Mädchen und Jungen, etwas Hübsches zu Weihnachten zu schenken, und ich schrieb ihnen also die Geschichte von Elia und dem bösen König Ahab in Reimen und in der Weise auf, daß sie lustig zu lesen, gut zu verstehen und bei allem doch ernst zu nehmen wäre. Vielleicht merkt man es dieser Geschichte auch noch an, daß sie als erste geschrieben ist, noch ganz unbefangen und ohne viel Vorarbeit.

Dann fiel uns aber bald zweierlei auf, und das habe ich bei den vier anderen Geschichten immer mehr im Blick gehabt. Als erstes: Wer für Kinder erzählt, wird offenbar von den Erwachsenen besonders gut verstanden. (Leute wie Bertolt Brecht, Erich Kästner oder Antoine de Saint-Exupéry haben das längst gewußt.) Erstaunlich, wie dank-bar die Großen zuhören, wenn ihnen wieder einmal unbe-fangen und bunt eine Geschichte erzählt wird, wie man Kindern etwas erzählt. Mir scheint, unsere Dichtung – je-denfalls die von Christen geschriebene – ist sehr subjektiv geworden; der Dichter beansprucht ein so großes Interesse seiner Leser für seine eigene Person, für seine Schmerzen, seine Einsamkeiten und gelegentlichen fröhlichen Auf-schwünge, daß wir froh sind, dann und wann etwas Berich-tetes zu hören, etwas Erzähltes, bei dem die Person des Er-zählers völlig gleichgültig ist.

Und das ist das zweite, das mir wichtig ist: Offenbar ist eine solche Art des Erzählens, bei der einst Geschehenes treulich wiedergegeben wird und für sich selber spricht, weiten Teilen des Alten Testamentes genau angemessen. Israel lobte Gott, indem es Geschichten erzählte, es breitete seinen Namen aus, indem es einst Geschehenes berichtete. «Nach unserer Überzeugung», so bestätigt uns etwa der niederländische Theologieprofessor Cornelis Heiko Miscotte in einem seiner Bücher, «ist die Bibel ihrem wesentlichsten Bestand nach eine Erzählung, die wir weiterzuerzählen haben. Und so kann es geschehen, daß sich die Erzählung – sozusagen in einer *unblutigen Wiederholung* – vollzieht an denen, die uns hören.»

Die Geschichten, die ich mir zum Nach- und Wiedererzählen herausgesucht habe, sind natürlich Geschichten besonderer Art, solche nämlich, die schon in der Bibel sehr lebendig, mit bunten Einzelheiten aufgeschrieben sind, mit Erzählfreudigkeit und Fabulierlust. Mir liegt viel daran, daß diese meine Balladen nicht als freie Variationen über alte Themen verstanden werden und schon gar nicht als ein literarischer Spaß. Hier soll vielmehr weitererzählt werden im Geist der phantasiereichen und frommen Väter von einst: Es soll uns heute so ergehen, wie es ihnen damals ergangen sein mag im Zelt, am Lagerfeuer, um den Familientisch, daß mitten im heiteren, aufgelockerten Erzählen, wenn alle noch das Schmunzeln auf den Lippen haben und die Freude über diese bunt geschilderte kleine Welt auf dem Gesicht, plötzlich jeder sich in seiner Tiefe angerührt und angerufen fühlt und mit Staunen erkennt – Kind oder Greis: Dieser Mann bist du, um dein Leben geht es, und der Herr hat's geredet.

Dr. theol. Klaus-Peter Hertzsch

MARIETTA PEITZ
Grün, wie lieb ich dich grün
GartenGedanken

»Grün, wie lieb ich dich grün«
– eine Zeile von Garcia
Lorca – ist ein fröhlich-ernstes
Gartentagebuch, mit dem
Marietta Peitz Stimmungen,
Gefühle, Beobachtungen in
ihrer Zartheit wie in ihrer
Bedrohlichkeit einfängt und
dem Leser mitteilt. Der
Reiz dieser GartenGedanken
liegt darin, daß die
Autorin nicht in der Privat-
heit, der Idylle, der »heilen
Welt« steckenbleibt. Sie
verknüpft persönliche Erfah-
rungen ganz eng mit
Erlebnissen aus dem Alltag.
Sie beobachtet die Garten-
welt, spricht mit ihren
Blumen, artikuliert Freude
und Ärger am Werden und
Vergehen, am Blühen und
Verblühen. Sie leidet an der
Unterdrückung der einen
Pflanze durch die andere –
und reflektiert Situationen
von Hunger in der einen und
Überfluß in der anderen
Gesellschaft, unverschuldete
Armut und unverdienten
Reichtum. So erfährt der
Leser etwas über das Private
von Marietta Peitz, über ihre
Arbeit bei einer katholischen
Organisation, über den Ein-
satz ihres Mannes – eines
französischen Arztes – und
über ihre asiatischen Adoptiv-
kinder. Die Autorin, deren
Liebe zu allem Geschöpf-
lichen erfahrbar ist, schreibt,
sie begreife allmählich, »daß
es nicht mehr wichtig ist,
einen Garten zu haben, son-
dern Garten zu sein«.
»Grün, wie lieb ich dich grün«
ist eine hommage an alles
Natürliche, durchdrungen
von Dankbarkeit an das
Leben. Hier werden Augen
für unentdeckte Schönheiten
geöffnet und für ver-
leumdete Existenzen, für
Unterdrückte, für Benach-
teiligte in der Pflanzen- wie in
der Menschenwelt. Dies ist
ein Buch der Liebe,
der Freude, der Reflexion,
der Anklage gegen Gleich-
gültigkeit und Egoismus.
Es besticht durch seine
Offenheit und Zärtlichkeit,
es überzeugt und beeindruckt
durch seinen verhaltenen
Optimismus.

128 Seiten, Leinen mit
Schutzumschlag

RADIUS-Verlag Stuttgart
Kniebisstraße 29 · 7000 Stuttgart 1